Couverture Inférieure manquante

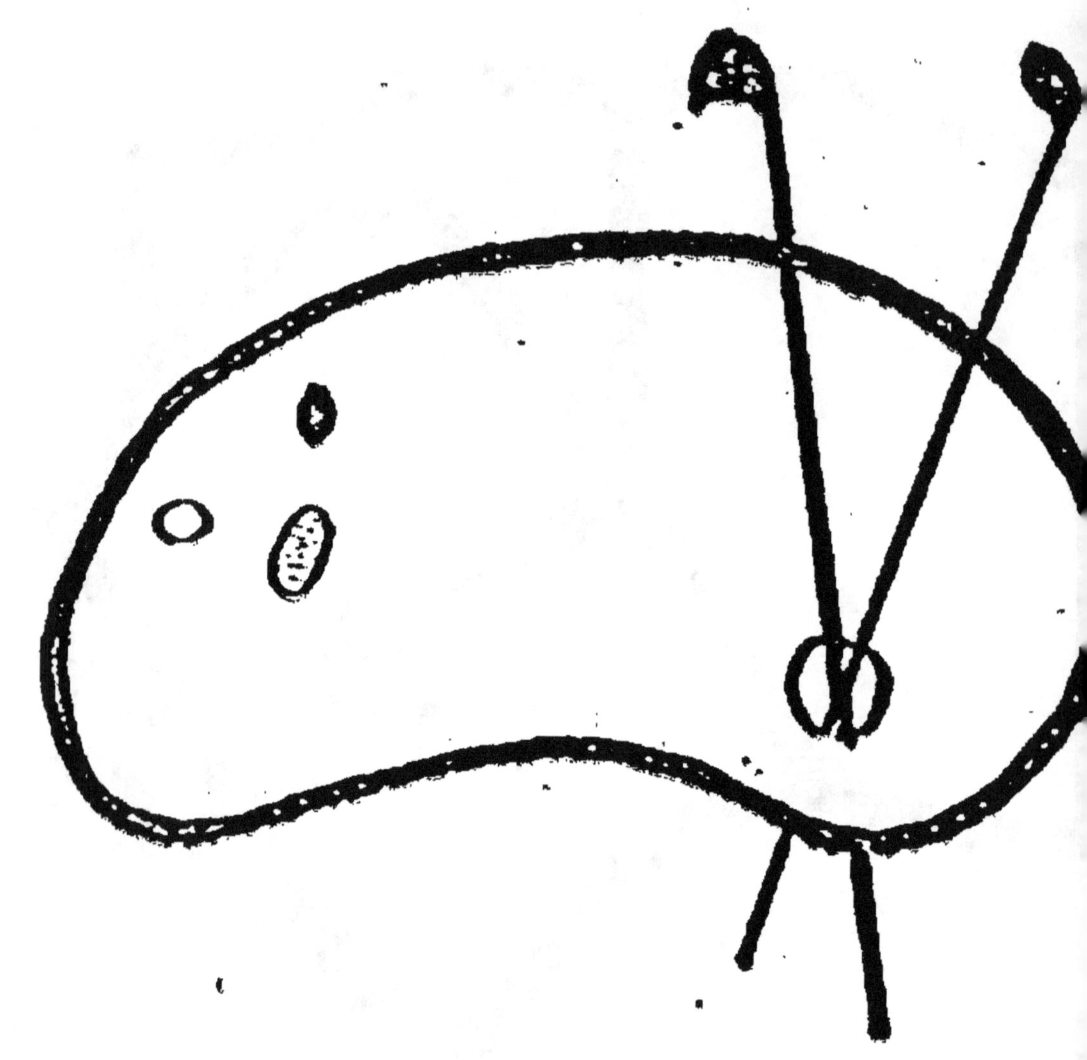
ORIGINAL EN COULEUR
NF Z 43-170-8

LÉOPOLD PAULHAN

AU JAPON

KAMAKURA

ET

NIKKO

PARIS

PAUL SEVIN, LIBRAIRE-ÉDITEUR

8, BOULEVARD DES ITALIENS, 8

—

1886

KAMAKURA

ET

NIKKO

LÉOPOLD PAULHAN

AU JAPON

KAMAKURA

ET

NIKKO

PARIS

PAUL SEVIN, LIBRAIRE-ÉDITEUR

8, BOULEVARD DES ITALIENS, 8

1886

AU JAPON

Plus que tout autre pays, le Japon laisse dans l'esprit de ceux qui l'ont visité d'impérissables souvenirs. Souvenirs riants et pleins de charme auxquels ne sont comparables ni les émotions, ni la longue suite d'enchantements qu'on ressent sur d'autres points du globe. C'est que, souvent, ce ne sont pas les impressions les plus grandioses dont on conserve avec le plus de satisfaction la mémoire. Certes, j'ai bien des fois éprouvé, à la vue des œuvres les plus étonnantes du génie humain ou devant la majesté de la nature, des sentiments presque indéfinissables et qu'on peut résumer dans celui de la petitesse de l'homme à côté des merveilles qui l'entourent ; mais, à ces impressions qui laissent une trace profonde, aux scènes les plus curieuses, succèdent, la plupart du temps, d'autres scènes sans intérêt, des désillusions pénibles et souvent aussi des spectacles qu'on voudrait éviter, qui jettent dans le tableau une ombre fâcheuse, ineffaçable, suffisante à déparer et à ternir l'ensemble.

Il n'en est point ainsi sur la vieille terre du Daï Nippon.

Dans le *settlement* cosmopolite de Yokohama, à Tokio, dans la ville des mikados, dans la campagne, aussi bien dans les vastes plaines de rizières sans fin qu'au sommet des montagnes boisées, on retrouve en tout et partout comme l'éternel sourire d'une nature radieuse. Le voyageur rencontre, à chaque instant, des sites merveilleux comme en a enfanté et dépeint l'imagination des poètes. Ce ne sont, rattachés agréablement les uns aux autres, que gracieux mouve... ...ts de terrains, ondulations couvertes d'une végétation puissante, une riante succession de plans, sans monotonie ni ressemblance entre eux, qui fait de chaque coin un tableau séparé, un site singulièrement enchanteur.

La campagne japonaise, avec ses rizières verdoyantes, le profil bleu de ses montagnes à l'horizon, ses tchaïa éparses au milieu des azalées en fleurs et des bambous effilés, le murmure de ses innombrables cascatelles, ses habitants aux mœurs faciles et séduisantes, à la politesse exquise, au costume gracieux jetant dans le paysage comme une note gaie et mouvementée, tout cela produit l'effet d'un de ces merveilleux décors où le talent de l'artiste a tout harmonieusement combiné pour le plaisir des yeux.

C'est au travers de cette nature enchanteresse que j'ai fait les deux excursions de Kamakura et de Nikko. Kamakura, célèbre par son Daïbutz géant, est un but de pèlerinage pour tous les Occidentaux qui habitent Yokohama ou le traversent en se rendant de Hong Kong à San Francisco. Peu d'Européens, au contraire, ont visité les Temples de Nikko. Là, au milieu de sites les plus

pittoresques de tout l'Empire du Soleil
Levant, sont entassées les richesses les plus
merveilleuses de l'art japonais.

Je n'ai, en décrivant Kamakura et Nikko,
aucune prétention artistique. Les pages qui
suivent ne sont que des feuillets écrits au
jour le jour, et que j'arrache de mes *Souvenirs d' Voyage autour du Monde*.

Je m'estimerai satisfait si la pâle peinture
que j'essaye de ces merveilles trop peu con-
nues peut pousser à les aller visiter les rares
touristes que leur humeur aventureuse gui-
dera vers l'Extrême-Orient. Peut-être aussi,
ces notes pourront-elles, surtout en ce qui
concerne Nikko, être un document de quelque
utilité pour ceux de nos amateurs et de nos
critiques qui, depuis quelques années, ont
entrepris d'étudier d'une façon approfondie
les productions si riches et si variées de l'Art
Japonais.

KAMAKURA

LE DAÏBUTZ DE KAMAKURA

Yokohama, 8 Juin.

Une excursion au Daïbutz et aux temples de Kamakura a rempli la journée. J'ai, pour la première fois, admiré les beautés de la nature japonaise s'épanouissant sous un soleil printannier, et il me parait que ces sites tant vantés sont encore au-dessus de leur réputation d'élégance charmante, de pittoresque coquetterie. Les sentiers serpentent tantôt au milieu de rizières, au fond de sinueux vallons, pour en gravir ensuite les pentes douces entre des haies d'althœas et de camélias, tantôt le long de jolis ruisseaux qu'ombragent de grands *momiji*, érables dont les feuilles d'abord rouges prennent plus tard des tons vert d'émeraude.

Dans les vallées, tombent de bruyantes cascades au milieu de bouquets touffus d'arbustes qu'égayent les grappes rouges du *flamboyant*. De petits villages proprets, assis au penchant des collines, dans des bosquets de bambous, ou dans la plaine, au milieu des rizières dont la nappe verte contraste avec les reflets des plaines voisines que dore le soleil, donnent la vie à ce joli coin de terre.

Les habitants sont aux champs, à repiquer le riz; le paysan n'a pas ici ce teint hâlé, qu'a, sous d'autres latitudes, le laboureur attaché à la glèbe. Il va au travail en souriant, mais tout lui est occasion ou prétexte pour le délaisser et il aime passionnément les fêtes champêtres. Quand les pruniers ou les cerisiers sont en fleurs, il abandonne les champs, et revêtant ses plus beaux kimonos de fête, dont les couleurs s'harmonisent avec les fleurs écloses, il se livre au tir de l'arc dans les fêtes de village, ou bien, en compagnie de quelques amis, il va en pèlerinage au temple voisin. Très nombreux, en effet, sont de ce côté, les mia du culte shintoïste, dans lesquels le peuple aime à aller honorer les gloires du vieux Nippon.

Comme lui, aujourd'hui, nous avons consacré notre journée à les visiter.

On sait que les temples qui couvrent le Japon appartiennent à deux cultes, le Shintoïsme et le Bouddhisme, qui ont chacun leurs adeptes. Adeptes et non fervents, car la religion du Japonais se résume toujours en un insouciant scepticisme.

Les origines et l'histoire des développements de la religion shintoïste, dont le nom Shinto est de provenance chinoise, sont enveloppées de mystérieuses légendes et semblent avoir leur source dans le culte du Soleil.

Issue de cet astre, une succession de sept générations de dieux et de déesses, aux amours éthérées, qui prirent la forme des rapports sexuels entre le divin Izanagi et sa compagne Izanami, dans l'île merveilleuse d'Awaski, aboutit enfin à la déesse Amatéras. Déesse de la terre et du ciel, elle est considérée comme l'aïeule de Jinmu Temno, le premier des mikados.

A côté de celui qui incarnait la puissance divine et temporelle, furent aussi honorés des dieux secondaires, ses compagnons et ses guerriers, appelés du nom de *Kami*. Le mikado actuel, descendant direct de Jinmu-Temno est donc l'héritier sur la terre de la divinité.

De cette religion, il n'a survécu aucun culte à proprement parler. Aux jours de fête des dieux ou des Kamis, le peuple se livre à des matsuri autour du temple. Il ne se confond point en prières ou en longues et muettes adorations; tout se passe en réjouissances publiques en l'honneur des exploits du saint.

Il n'y a point d'idole dans les temples shin-toïstes; leur intérieur est nu, sans orne-mentation aucune. Sur une tablette laquée se trouvent seulement un miroir en souvenir de la déesse Amatéras, et le *Goheï*, tiges de bambou placées des deux côtés du miroir et auxquelles flottent des bandes de papier blanc, emblêmes de pureté.

Très délaissé aujourd'hui, malgré les efforts du Mikado pour ramener le peuple à cette religion qui le divinise, le Shintoïsme, fondé sur le respect des ancêtres et les légendes d'un passé divin, a presque été détrôné par le Bouddhisme.

Venu des Indes par la Chine, au sixième siècle de notre ère, le Bouddhisme, dont les dogmes sont aujourd'hui la religion de plus de six cents millions d'habitants, a, depuis cette époque, vécu côte à côte avec le Shintoïsme, l'englobant et l'étouffant peu à peu.

C'est aujourd'hui la religion de la majorité des Japonais.

Bien dégénéré depuis son fondateur, il ne se soutient que par la pompe de ses cérémonies dont l'éclat rappelle la luxueuse mise en scène du culte catholique.

Nous ne rechercherons pas ses points de contact ni ses différences d'avec le Shintoïsme ; retenons seulement que le Shintoïsme a emprunté au Bouddhisme un paradis, *Goku-Raku*, et un enfer, *Djin-koku*.

Depuis Nobunaga, et surtout depuis Yeyas qui appartenait à la secte de Yodo, les Shoguns favorisèrent ouvertement cette religion différente de celle des Mikados. Il faut voir là un indice, une manifestation des incessants efforts par lesquels les Shoguns essayèrent de détourner à leur profit le pouvoir du chef réel de l'Etat.

Le temple ou tera du Bouddhisme, à la différence du temple Shintoïste, est généralement un édifice de vastes proportions, entouré de dépendances, chapelles auxiliaires ou bonzeries, avec plusieurs cloîtres formant enceinte, et auquel on n'arrive qu'après avoir franchi plusieurs rangées d'escaliers, des toris et des portes monumentales. Le luxe et la magnificence d'une ornementation polycrome dans laquelle les artistes ont déployé toutes les ressources et les finesses de l'art décoratif, font de ces temples les types les plus beaux et les plus riches de l'architecture japonaise.

Le temple de Kamakura que j'ai visité aujourd'hui est plein de souvenirs d'une des plus brillantes époques de l'histoire des Shoguns.

Au douzième siècle de notre ère, Yoritomo, chargé de victoires et d'honneurs, fonda à Kamakura, une grande capitale, où, entouré de puissants daïmios, il usait presque en toute souveraineté des prérogatives du pouvoir royal qu'il avait défendu contre les rebelles et dont le représentant suprême, le Mikado, renfermé dans son palais de Kioto, n'avait que les attributs sans en avoir l'exercice.

A la fin du quinzième siècle, de profondes discussions intestines désolèrent le Japon, et l'incendie allumé par la guerre civile détruisit la capitale des Shoguns, qui fut transportée à Yedo. La plupart des fragiles monuments de bois, contemporains de cette grande époque, ont été successivement détruits par le temps. Les Shoguns, cependant, ont toujours entretenu les temples de Kamakura et, à l'ombre du temple de Hatchiman, au penchant d'une colline, repose le guerrier Yoritomo, dans un mausolée de pierre, ombragé de grands arbres séculaires.

Les bonzes veillent auprès des restes du grand homme, et de celui qui fut le premier de cette longue série de Shoguns dont le pouvoir balança la puissance royale, il ne reste que quelques débris, armures, sabres, casques et vêtements enrichis de magnifiques broderies.

La légende répétée d'âge en âge des batailles gagnées par Yoritomo, le récit des choses merveilleuses de cette époque où les guerriers promenaient une existence fastueuse à travers le sang et les ruines, ramènent chaque année de nombreux pèlerins venus pour admirer ces hochets de la grandeur précieusement conservés, et dont l'exhibition fait quelques revenus aux bonzes.

Dans les bosquets qui entourent le temple d'Hatchiman, au bord d'un bassin couvert de nénuphars, on montre une pierre sacrée à laquelle se rendent en pèlerinage les femmes infécondes et qui a la propriété de secouer le charme qui les stérilise. Elle est entourée de la vénération générale.

S'il faut en croire la tradition, la pierre sacrée produisit de nombreux miracles à l'époque où une florissante bonzerie s'élevait auprès des temples; mais, depuis que dispersés par les orages de la révolution, ces prêtres vigoureux ont abandonné Kamakura, les effets miraculeux de la pierre semblent avoir fui avec eux.

Des temples de Kamakura, en suivant une allée de cryptomerias élancés qui aboutit au rivage de la baie d'Odowara, on se rend visiter la colossale statue du Daïbutz, la plus populaire et la plus gigantesque représentation de Bouddha qui existe au Japon.

Fondue en 1252 par un célèbre artiste de la province de Kadua, Ohno Goroyemou, ce colosse de bronze, élevé sur l'ordre de Yoritomo mesure une hauteur de quinze mètres. Une porte donne accès dans l'intérieur de la statue, et un escalier léger conduit dans la tête qui a, d'une oreille à l'autre, une largeur de cinq mètres cinquante centimètres.

Le Daïbutz, autrefois abrité sous un temple aujourd'hui détruit, est représenté assis sur un vaste socle de pierre d'où déborde une feuille de lotus, les jambes croisées et cachées par les plis de son large vêtement. Les mains, rapprochées l'une de l'autre à hauteur du nombril, ont la paume en l'air, les pouces joints horizontalement, les quatre autres doigts juxtaposés verticalement, leur extrémité ne dépassant pas la ligne formée par les pouces. Le vêtement drapé avec beaucoup d'art est ouvert sur la poitrine.

La figure du Bouddha est le type parfait de l'idéal de la beauté asiatique; une expression profonde de méditation rêveuse, de songe extatique flotte sur cette physionomie à laquelle des yeux aux paupières doucement baissées, des lèvres que plisse un léger sourire de béatitude donnent une apparence de quiétude et de mysticisme qui symbolisent l'âme de l'humanité tout entière abîmée dans la

contemplation de l'infini et dans le détache-
ment de ce monde.

La tête du Daïbutz est recouverte d'escargots serrés en rangées concentriques ; une de
ces bêtes se trouve sur son front, entre les
deux sourcils. L'escargot est d'ailleurs un des
attributs indispensables de toute statue de
Bouddha. La légende raconte qu'égaré un
jour dans de profondes méditations, le dieu,
surpris par l'orage, ne s'aperçut point de la
pluie qui ruisselait sur lui. Sortis de l'herbe,
les escargots montèrent alors sur sa tête et
formèrent une sorte de coiffure qui protégea
Bouddha de la pluie, et ne le laissa point détourner par un phénomène physique de ses
pensées divines.

Le Daïbutz de Kamakura est certainement
la plus colossale et la plus belle des statues
de Bouddha au Japon. Mais, ceux qui ont
parcouru les pays bouddhistes et étudié les
multiples représentations de la divinité prétendent, tout en reconnaissant de grandes
qualités artistiques au colosse de Kamakura,
qu'il n'a point sur ses traits la sérénité d'âme,

la majesté divine, qu'on retrouve sur la physionomie des Bouddhas des temples in-
diens.

Ils en attribuent en partie la cause à ce que
la statuaire n'a jamais pris que peu de déve-
loppement au Japon et que les sculpteurs,
limitant le cercle de leur art, l'ont restreint à
la représentation de Bouddhas auxquels,
dans leur inexpérience, ils ont donné, à
défaut d'expression, une raideur inanimée, et
de Tengus, dieux grimaçants, boursoufflés et
difformes qui gardent l'entrée des temples.

***

Non loin de Kamakura, dans un temple
suspendu aux flancs d'une montagne d'où la
vue embrasse la mer qui vient se creuser
en demi-cercle une baie embaumée du
parfum des fleurs et aux bords de laquelle
sont assis les coquets villages de Kanasawa
et d'Enoshima, on nous montre un autre
énorme Bouddha en bois, de proportions
à peine inférieures à celles du grand Daïbutz,

renfermé dans une partie d'un temple où ne pénètre point la lumière du jour.

Le bonze, après certaines difficultés, consent à éclairer quelques lampes qui, montées par une poulie au plafond, jettent leur vacillante lueur sur le dieu.

Cette statue qui paraît très belle, gagnerait certainement beaucoup à être vue en pleine lumière ; elle est même ignorée de la plupart des touristes, et les siècles qui ont déjà rongé sa laque d'or l'useront dans sa noire retraite sans que les artistes puissent en prendre un dessin ou une photographie.

A six heures, je rentrais à Yokohama, et j'assistais, du haut de la colline de la concession française, à un magnifique coucher de soleil derrière le Fushiama. La montagne sacrée du Japon était à demi cachée par une ceinture de nuages orangés qui flottaient à mi-côte sur ses flancs estompés d'un voile bleuâtre, tandis que sa cime aux neiges éternelles planait dans la sérénité de l'espace, illuminée, dans un ciel de pourpre et d'or, des derniers reflets du soleil. Spectacle imposant et grandiose qui se traduit dans l'âme par le recueillement et la rêverie !

Les Japonais ont divinisé l'énorme volcan dont la tête altière surplombe toutes les montagnes de leur pays. Avec son altitude comprise entre 3,500 et 3,600 mètres, il est rival de l'Etna, du pic de Ténériffe ou du mont Néthou. Plusieurs de ses éruptions sont restées célèbres. En l'an 799 de l'ère chrétienne, son sommet fut en flammes pendant trente-cinq jours et les Japonais attribuèrent cette éruption au choc simultané de la lune et du soleil contre la montagne, dont le sommet fut brisé. La dernière éruption eut lieu en 1708.

A part l'Assa-Fuyama qui fume encore, il n'y a plus de volcans en activité dans les trois mille îles dont se compose l'archipel du Japon ; néanmoins, l'action volcanique qui, d'après les géologues, a créé le Japon, n'a pas cessé de se faire sentir. Les montagnes les plus élevées ne sont que des volcans éteints, aux sommets desquels on trouve des solfatares en activité, et les forces souterraines ne semblent point encore tombées dans le repos, car les tremblements de terre sont très fréquents.

En 1854, plus de cent mille personnes périrent dans celui qui bouleversa Yedo. Depuis lors, les gens de science ont observé qu'il s'en produisait plus de trente par année; mais ce ne sont que des secousses légères, souvent presque imperceptibles.

Nous l'avons éprouvé ce matin dans une riante vallée aux environs de Kamakura. Le sol, un instant, a tremblé sous nos pieds, quelques brusques oscillations d'une durée totale de huit ou dix secondes m'ont secoué comme un homme jeté pour quelques minutes sur une nacelle brutalement secouée par la lame.

Mais rien dans la nature n'a paru se ressentir de cette secousse de la terre, ni les grands arbres dont la cime a un instant vacillé, ni les collines auxquelles il doit falloir d'autres tremblements pour désagréger leurs assises, ni les oiseaux dont la joyeuse chanson a continué à monter dans les airs.

Je termine ma soirée par une promenade dans le quartier le plus animé de Yokohama, Bentendori, où la foule se presse en un joyeux *matsuri*. Je ne décrirai point cette foule bigarée et bruyante ; je ne veux en retenir que la ravissante image, éclairée de mille feux de bengale, des gracieuses mousmés qui passent, trottinant sur leurs *guettas* dont le bois fait résonner l'asphalte. Un incessant et agréable sourire s'épanouit sur leurs lèvres de corail ; leurs cheveux noirs sont piqués de fleurs et de longues épingles d'or ; leurs grandes robes aux ramages multicolores sont serrées à la ceinture par un riche *obi* en soie brochée d'or, et dessinent avec grâce les lignes et les cambrures du corps.

Depuis mon départ d'Europe, j'ai vu bien des pays. En vérité, je n'ai trouvé nulle part de femmes aussi séduisantes que celles du Japon.

NIKKO

I

DE TOKIO A NIKKO

Sano-Temnio, 1? juin.

Quand l'Européen veut pénétrer dans l'intérieur du Japon, au delà d'un rayon de quarante kilomètres, il doit, par l'intermédiaire
de sa légation, demander un passeport au
Gouvernement. Le *Treaty Limit* trace, en
effet, des frontières conventionnelles que les
Japonais seuls ont le droit de franchir. Aussi,
ce pays fermé, où il semble que la vieille civilisation du Nippon a dû, loin du contact des

Européens, se conserver avec son cachet primitif, exerce-t-il une irrésistible attraction sur le voyageur.

Nous avons choisi Nikko pour but de notre voyage dans l'intérieur.

Deux routes conduisent de Tokio à Nikko. Au lieu de prendre celle d'Outsounomia habituellement suivie par le plus grand nombre de voyageurs, nous avons décidé de passer par Tatebayashi et de faire la route que suivait l'envoyé du Mikado dans son pèlerinage annuel au tombeau de Yeyas.

Notre première étape est Takasaki où doit se former notre caravane. Pendant que notre interprète préside aux détails de son organisation, nous faisons connaissance avec la cuisine japonaise. Dans une maison de thé, à l'entrée du village, on nous sert un déjeuner dont voici scrupuleusement le menu: Tranches de poisson cru accompagnées de *shoyu*; — morceau de poisson bouilli avec des légumes cuits à l'eau; — omelette à l'huile de poisson; — radis blancs pourris dans la saumure; — en guise de pain, du riz cuit à l'eau, et comme boisson, du *saké* coupé d'eau ou de thé faiblement coloré.

Nous goûtons à peine à ces plats bizarres dont la nouveauté nous effraye, et en attendant l'arrivée de nos bagages, nous faisons une promenade dans la localité. Elle n'offre rien de curieux, mais son extrême propreté pourrait servir de modèle à la plupart de nos villages de France.

Enfin, à deux heures et demie, notre colonne s'ébranle. Viennent d'abord nos quatre djirinksha, puis celle de notre interprète Tomi. Elle est suivie de trois autres sur lesquelles sont entassés nos approvisionnements et nos valises. Notre cuisinier, le *cook-san*, ferme la marche, également en djirinksha, ce qui en porte le nombre à neuf.

Quel pittoresque coup d'œil que cette longue file de *djirinksha* enlevées à une allure rapide, sur un chemin plat qui se déroule dans une plaine verdoyante! Des deux côtés, la route est bordée d'arbres et de fleurs. Les villages se touchent presque, et partout, quoiqu'on soit, par ici encore, habitué à voir quelquefois des Européens, il y a, sur notre passage, un grand concours de curieux.

A cinq heures, nous passons en bac le Tonegawa, en avant de la ville de Tateba-hyashi, à un endroit où la rivière a environ quatre ou cinq cents mètres de largeur. Après une halte dans une maison de thé dont nous surprenons les servantes au milieu de leur toilette, et une nouvelle course de deux heures à travers un pays aux ondulations couvertes de blés, nous arrivons sur le bord d'un petit affluent du Tonegawa. Un léger pont de bateaux joint les deux rives ombragées par des arbres magnifiques, des pins, des cryptomerias, des lauriers japonais, des touffes de bambous. Un temple et quelques maisons de thé, groupés sur un escarpement à l'entrée d'un chemin creux qui aboutit au pont, dominent la rivière. Le site est d'une infinie coquetterie; de l'eau, des arbres, de la verdure et des fleurs, et à l'horizon, avec des teintes violacées, les montagnes de Nikko dans les déchirures desquelles le soleil, qui descend, jette ses derniers feux.

Enfin, bien loin derrière nous, le grandiose sommet, blanc de neige, du Fushiama, sur un fond de ciel rose, dans lequel flottent des nuages bleu pâle. Effets de lumière vraiment étranges et que je n'ai jamais vus dans aucun autre pays.

A sept heures, notre caravane fait bruyamment, aux cris de nos kouroumas qui exécutent une véritable course de vitesse, son entrée dans Sano-Temnio. Devant les maisons, des groupes de curieux nous regardent passer, nous souhaitant, d'un mot de politesse, la bienvenue dans leur village.

A la tchaïa où nous nous arrêtons, l'aubergiste, et huit ou dix servantes qui l'entourent, plus jolies et plus gracieuses les unes que les autres, accourent s'agenouiller devant nous et se confondent en interminables salutations. Débarrassés de nos chaussures, nous pénétrons dans la maison qui est d'une propreté remarquable. De grandes chambres ouvrent sur un long corridor, sorte de vérandah donnant sur le jardin. Toutes les pièces, séparées par de simples cloisons de papier, sur châssis mobiles, sont ouvertes et le regard pénètre partout. Les voyageurs sont nombreux, et, dans la pénombre, nous pouvons contempler des têtes joliment coiffées, des bustes et des bras nus. Dans d'autres chambres, des hommes, accroupis en cercle autour de jeunes filles, fument, chantent à mi-voix et boivent du saké. Plus loin, voici une famille de notables ; la mère, allongée sur le tatami, allaite un gros garçon de quatre ans, et le père, fumant d'innombrables petites pipes, absorbe une étonnante quantité de minuscules tasses de thé que les domestiques viennent renouveler en rampant.

Nous sommes logés au premier étage, dans les plus belles pièces de la maison. Les *karakamis* glissant dans leurs rainures et qui séparent nos chambres, sont ornés de ces ravissants petits sujets dans lesquels excelle l'art japonais—une branche fleurie d'abricotier où se pose un papillon — le calice d'un lys — ou le profil d'une colline d'où tombe une cascade. Tout cela est troussé en trois coups de pinceau, avec une étonnante sûreté de facture.

Pendant que le cook-san prépare notre dîner, je descends me mêler aux gens de la tchaïa qui regardent avec curiosité les préparatifs de ce repas, ne pouvant retenir leurs rires moqueurs, tant tout cela leur paraît étrange. La cuisine regorge de femmes qui préparent la nourriture de tous les passagers, soignent les marmites où bout le riz, coupent des tranches de poissons encore vivants. Tout ce monde bavarde et rit au milieu du travail, a l'air joyeux, insouciant. Aux murs, sont affichés, en beaux caractères sur des papiers rouges ou bleus, une foule de renseignements utiles au voyageur : les annonces des médecins en vogue, les remèdes infaillibles pour la guérison de toute sorte de maux, l'époque et le lieu des fêtes religieuses, l'adresse des voyageurs qui ont précédé leurs amis et leur assignent un lieu de rendez-vous; puis, à côté, des vers des poètes aimés du peuple, ou un éloge de l'hôtellerie. Tomi, notre interprète, me traduit la poésie suivante :

« A l'auberge des Fleurs, renommée pour

« son thé, nous passons la soirée à voir on-
« duler la lune sur la rivière. — Oh! le beau
« clair de lune, celui où la jeune épousée s'es-
« saie à jouer de la guitare! Comme une pa-
« reille nuit est préférable au jour passé près
« d'une belle-mère! »

Réclame intelligente qui montre bien que la tchaïa est hospitalière aux amours, et dans laquelle l'hôtelier-poète trouve moyen de lancer son trait aux belles-mères.

Pour la première fois, nous couchons sur les *fûtons*, couvertures ouatées qu'on étend sur le plancher de nattes. On dort ma foi! bien, dans ces lits improvisés. Dans toutes les chambres de tchaïa, on trouve indiqués par un tableau les quatre points cardi-naux, afin que le voyageur puisse choisir, pour se coucher, la position de meilleur augure. Un Japonais, en effet, ne dort jamais la tête tournée vers le Nord, et les pieds vers le Sud : c'est la position des cadavres.

Près de nous, brûle l'*andon*, sorte de veil-leuse montée sur pieds, dont le châssis est

tendu de papier rose et qu'on place invaria-
blement près de tout dormeur.

La maisonnée est longue à s'endormir, et
nous entendons très tard le bruit des conver-
sations et les éclats de rire des mousmés.
Curieusement groupées devant la porte, autour d'une cage au fin grillage, elles s'amu-
sent à regarder voltiger quantité de lucioles,
dont les feux d'un vert pâle brillent étran-
gement.

Nikko, *13 juin.*

De Sano-Temnio à Nikko, la route, longue
de douze heures, offre deux aspects bien différents. Dans la matinée, nous avons, à travers un pays entièrement vert, légèrement
ondulé, traversé une série de villages proprets
et où semble régner l'aisance. Partout, un
accueil charmant ; à la porte des tchaïa, les
servantes viennent nous offrir de petites tasses
de thé et le *tchibatchi*, sorte de brasero qui

contient des charbons pour allumer la pipe.
Dans les villages, les enfants courent après
nous, leur grande chemise ouverte au vent.
Les chevaux, chaussés de sabots de paille,
chargés de lourds fardeaux et conduits par
des *bettos* dont le torse nu est couvert des
plus curieux tatouages, se rangent pour nous
laisser passer, et c'est presque un enivrement
que cette longue course, tantôt en carriole,
tantôt pédestrement, dans de petits chemins,
entre deux haies de camélias de proportions
gigantesques, couverts de fleurs, et dans lesquels on respire librement, au grand air, les
mille parfums qui s'exhalent des champs et
des bois dans les journées printannières.

Après le déjeuner, notre caravane s'est
engagée dans la haute futaie d'une allée de
cryptomérias gigantesques. C'est par là.
qu'autrefois, suivi d'un fastueux cortége,
l'envoyé du mikado venait chaque année
accomplir son pèlerinage au tombeau des
Shoguns. Je ne sais rien de plus grandiose
que cette avenue encaissée, sur un dévelop-
pement de plus de soixante kilomètres, entre

des talus de mousse sur laquelle s'entrelacent les racines des colosses; leurs troncs énormes se touchent presque, se confondent souvent jusqu'à quatre ou cinq mètres au-dessus du sol, puis s'élancent fièrement vers le ciel. Leurs branches se rejoignent au sommet et forment un dôme de verdure continu, impénétrable aux rayons du soleil. Entre les arbres, nous apercevons, sur la gauche, les montagnes et les forêts de Nikko. A chaque instant, voici maintenant, des bandes de pèlerins qui reviennent des temples et cheminent joyeusement sur les sentiers tracés des deux côtés de l'avenue, en dehors de la ligne des arbres. La route est dans un déplorable état d'entretien; ce ne sont qu'ornières profondes, fondrières boueuses, affaissements du sol, ruisselets d'eau claire qui, à la fin, ont raviné la route qu'ils traversent.

A cinq heures, ce soir, arrivée à Imaïchi, au croisement de l'avenue que nous avons suivie et d'une autre avenue semblable qui vient d'Outsounomia. Nous sommes ici à une altitude de sept à huit cents mètres que nous avons gravie insensiblement. La température, en approchant des montagnes, s'est beaucoup abaissée. Le thermomètre ne marque que 14° centigrades : nous en avions 25 à Yokohama, il y a deux jours.

A sept heures, nous arrivons à Nikko, et nous nous installons dans une très confortable auberge. Pendant que le cook-san nous prépare à dîner, nous faisons une promenade rapide dans l'unique rue de Nikko. Elle est presque déserte; ce n'est point encore la saison où les pèlerins affluent de tous les points du Japon dans la ville sacrée. De loin en loin sont encore ouvertes de petites boutiques. Les marchands nous appellent et nous offrent de curieux ouvrages en bois sculptés. Souvenirs du lieu saint que conservent religieusement les pèlerins de Nikko.

A peine arrivés, nous recevons la visite du grand prêtre du temple. Une lettre du ministre des affaires étrangères de Tokio, lui a annoncé notre visite, et il vient se mettre à notre disposition.

Au pied des montagnes au flanc desquelles s'élèvent les temples, et les enserrant dans un demi-cercle, coule un torrent, le Daya-Gava, qui rappelle, avec ses eaux écumantes au milieu d'énormes blocs de rochers, ses larges nappes d'onde transparente dans cer-tains creux basaltiques, les plus vantés des torrents des Alpes ou des Pyrénées. Sur ses deux rives, la montagne est abrupte, plantée de cryptomerias séculaires dont les cimes dessinent sur le ciel l'arête de ses croupes.

On franchit, au sortir de Nikko, le Daya-Gava sur une légère passerelle en amont de laquelle on remarque, joignant les deux parois rocheuses du torrent, un pont de bois dont les balustres et les piliers entièrement laqués de rouge sont surmontés de globes dorés. Légèrement cintré, en forme d'arc de cercle, il est assis sur deux énormes piles mo-nolithes dont la base est battue par l'écume;

sa couleur éclatante forme un bien pittoresque contraste avec la masse d'un vert
sombre des arbres qui l'entourent et la teinte
grise des roches. Chacune des extrémités de
ce pont, contemporain de Yeyas, est fermée
par une barrière qui ne s'ouvre qu'une fois
par an devant les pèlerins, à l'époque où venait autrefois à Nikko le shogun, pour y re-
cevoir l'hommage des Daïmios et faire ses
offrandes aux dieux.

Le Daya-Gava franchi, nous suivons, pour
nous rendre à Kammam-Ga-Fouchi, but de
notre excursion, la rive gauche du torrent,
au pied de la forêt, au milieu de prairies ta-
chetées d'une multitude de fleurs; puis, après
avoir de nouveau franchi l'eau, sur un frêle
pont de bambous, le sentier s'engage dans
des massifs de verdure et suit l'étroite bande
de terre qui s'étend entre la montagne dont
les flancs le surplombent et le torrent qui
gronde à ses pieds, et atteint, au bout de quelques instants, une vaste clairière. Là com-
mence une longue enfilade de statues en
pierre de Bouddha, de toute forme, de toute

dimension, dans toutes les attitudes. Toutes ces divinités sont couvertes de boulettes de papier mâché, maintenant séchées au soleil, et que les fidèles jettent en guise de prière à la face du dieu; à leur cou, aux bras, sont suspendues de petites planchettes, ex-voto sur lesquels est dessiné au trait un pèlerin dans une attitude suppliante.

Ces statues sont au nombre de plusieurs centaines, mais il m'a été impossible de les compter; beaucoup disparaissent au milieu des fleurs, d'autres sont à moitié cachées par les branchages et la verdure. La mousse étend des plaques vertes et jaunes sur tous ces dieux, la plupart mutilés, et dont les siècles ont rongé la pierre. A l'extrémité de cette file de statues, faisant face au sentier, s'élève un énorme Bouddha, qui semble présider à cette réunion de dieux, les mains croisées au-dessous du nombril et regardant impassible mugir le torrent à ses pieds.

Plus loin, après un défilé resserré, le sentier, franchissant un entassement de blocs de roches que les avalanches ont accumulés,

aboutit à une plate-forme à pic. A sa
base s'ouvre un gouffre où se précipitent
en cascade les eaux écumantes du Daya-
Gava. Sur la rive opposée, une pierre
immense, polie comme une glace, se dresse
perpendiculairement, et à l'ombre d'un arbre
dont le tronc tordu se suspend au-dessus de
l'abime, on aperçoit dans le roc quelques éra-
flures bizarres. La légende prétend qu'une
plume divine a tracé là des caractères mysté-
rieux, mais personne, parait-il, n'a pu, jusqu'à aujourd'hui, en déchiffrer le sens. Les
érudits prétendent même que ce ne sont point
des caractères japonais, et leur ont trouvé
une certaine analogie avec l'écriture sans-
crite.

Mais que m'importent la légende et les discussions des bonzes et des lettrés japonais !
En face de ce site superbe, de cette gorge
s'élargissant plus haut en une vallée d'où
le torrent tombe en cascades, au pied de ces
géants de végétation séculaire qui font à la
montagne une verdoyante carapace, en ce
lieu calme et solitaire où, loin des bruits du

monde, on n'entend que le murmure de l'eau, le gloussement des faisans qui s'envolent sous bois et le cri-cri du grillon, je m'arrête longtemps sous les hauts sapins qui bordent le sentier comme abîmé dans la contemplation de la grandiose nature que nous avons devant les yeux.. ..

LES TEMPLES DE NIKKO

II

LES TEMPLES DE NIKKO

Nikko. 15 juin.

C'est au ixe siècle qu'un premier saint vint s'établir à Nikko, dans cette grande solitude montagneuse dont tant de pèlerins ont depuis lors suivi la route. Pendant près de six cents ans, Nikko ne fut qu'une retraite obscure. Mais, après la soumission de la Corée par Hideyoshi, vers 1598, un temple fut élevé en cet endroit pour perpétuer le souvenir de la conquête. Séduit par la beauté enchanteresse du lieu, le Shogun Yeyas, fondateur de la dynastie des Tokungawa que la révolution de 1868 trouva encore au pouvoir, avait manifesté la volonté d'y reposer après sa mort. Cinquante ans environ après, les restes de son second successeur, Yemitsu, y furent également ensevelis.

Et depuis lors, les Japonais qui, de leurs grands shoguns ont presque fait des dieux, ont entassé autour des mausolées de ces deux hommes des trésors merveilleux et bâti sur le roc, au fond d'une gorge sauvage, des temples grandioses pour perpétuer leur mémoire.

Le temple consacré à Yeyas est le plus beau et le plus grand de tous.

Après avoir franchi le Daya-Gava, le chemin, couvert de larges dalles, s'engage en pente raide, au flanc de la montagne, et longe le mur d'enclos du temple de Mangangi et de la résidence du grand prêtre; puis, toujours à travers une double rangée de cryptomerias géants, il gravit plusieurs volées d'escaliers de pierre, reliées par des terrasses bordées de balustres granitiques, et pénètre dans l'enceinte du temple en passant sous un monumental *tori*, élevé par le prince de Chikuzen. On sait que le *tori* est un portique composé seulement de deux colonnes plantées en terre sans socle, comme la colonne dorique, légèrement inclinées l'une vers l'autre, et réunies à quarante centimètres environ de leur sommet par une traverse; elles supportent une solive horizontale, bien équarrie, sur laquelle repose une seconde poutre légèrement recourbée en croissant à ses extrémités. Ces lignes simples sont d'un aspect imposant, sévère même. J'ai vu, jusqu'à aujourd'hui, beaucoup de *toris* devant des temples nombreux, perdus sous bois, mais aucun n'avait ni les proportions, ni le caractère de grandeur de celui qui ouvre le temple de Yeyas.

Le *tori* franchi, nous montons une nouvelle rangée d'escaliers que domine une porte triomphale. Entièrement couverte de sculptures, elle est flanquée, au dehors, de deux énormes lions dorés, et, intérieurement, de deux vases de bronze artistement travaillés. Les motifs de la décoration un peu surchargée de cette porte, sont empruntés aux mondes animal et végétal. C'est une réunion d'animaux fabuleux: tigres, dragons, éléphants, toutes conues, poilues et hérissées, au milieu d'un fouillis de fleurs et de feuillages ; le tout tellement enchevêtré, qu'il faut quelques instants d'attention pour bien dégager que cette tête d'hydre ne se pose point sur un corps d'éléphant, et que ces pivoines rouges ne sont pas suspendues à une tige de bambou.

Cette porte donne accès dans une cour oblongue, finement sablée de gravier blanc, dont le mur de clôture est peint de rouge écarlate, et qui contient différents édicules. Dans les trois premiers, sont emmagasinés les objets du culte qui servent à la célébration des fêtes de Yeyas. Les sculptures, profusément prodiguées depuis les bas-reliefs jusqu'à l'architrave, rappellent l'origine indienne du Bouddhisme. Au fronton d'une de ces constructions, on voit, taillés dans le bois, deux éléphants dus à un artiste célèbre, qui ne travaillait que de la main gauche. L'exécution manque de fini ; c'est d'ailleurs un reproche qu'on peut adresser en général à toutes les sculptures d'assez grandes dimensions, et l'artiste japonais semble plus volontiers se complaire à travailler des statuettes de faibles proportions ; c'est dans ce genre surtout qu'il réussit. Qui n'a admiré ces ravissants petits nezkés d'ivoire, merveilleux chefs-d'œuvre de grâce, de finesse et de ténuité !

En face de cette construction, se dresse un arbre géant, colosse que les pèlerins admirent et vénèrent. Les bonzes racontent qu'il fut, il y a près de trois siècles, apporté dans un vase par Yeyas et planté de sa propre main en cet endroit. A quelques pas, est une écurie où était jadis honoré un cheval blanc ; la corniche de ce bâtiment est toute fouillée en branches de cocotiers. Au milieu de ces branches jouent des bandes de singes que le ciselet de l'artiste a représentés dans les postures les plus bizarres et avec des physionomies bien drôlement grimaçantes.

Voici, plus loin, la fontaine pour les ablutions que fait tout pèlerin avant de gravir les degrés du temple. C'est un magnifique et énorme bloc de granit, en forme de cube, creusé au ciseau et que remplit l'eau glacée de la montagne. Quatre colonnes laquées de rouge, supportant un toit dont les arêtes se terminent par des cornes de faïence qui menacent le ciel, lui forment un élégant abri.

Nous passons sous un superbe tori en bronze, orné des écussons en or de la famille des Tokungawa. Puis, au pied d'une nouvelle rangée d'escaliers, nous visitons un édifice qui renferme une très riche collection de livres saints bouddhistes, conservés et étagés en pyramide, sur une table tournante octogonale. Les bonzes, incapables de les lire, ou effrayés par la quantité des volumes, se bornent à faire tourner sur son pivot la table, et lorsqu'ils se sont successivement prosternés devant ses huit côtés, et qu'elle a achevé un tour complet, ils se relèvent, l'âme rassérénée par la méditation : la prière est terminée, Bouddha est satisfait.

L'escalier gravi, nous voici dans une nouvelle cour qui retient longtemps notre attention. Elle est entourée d'une haute balustrade en pierre, et son entrée est gardée par deux lions accroupis. A droite et à gauche, sont des constructions, peut-être un peu massives, aux murs légèrement cintrés, que rehaussent des ornementations polychromes, aux toitures enluminées sous lesquelles sont abritées des cloches, dont le carillon ne retentit qu'aux jours de grande fête.

Sur la gauche, nous tombons en admiration devant une lanterne monumentale que les bonzes prétendent avoir été offerte par un roi de Corée. Haute d'environ deux mètres cinquante, de forme octogonale, avec des colonnes torses aux arêtes de ses huit faces, elle est un chef-d'œuvre d'élégance. Ses colonnes torses en bronze, ses ornementations en fer forgé, dont les spirales et les tortillons s'enroulent avec une grâce exquise, la finesse du travail, la forme elle-même de la lanterne, tout dénote l'origine européenne de cette pièce, qui porte en tout le cachet de l'art occidental. C'est du pur style florentin, à la plus belle époque de la renaissance italienne.

Il faut donc renoncer à dire et à croire avec les Japonais que cette lanterne est un don d'un prince coréen, tributaire ou soumis. Son origine européenne est indéniable. Jamais les

Asiatiques n'ont travaillé le bronze de cette façon, ni forgé ainsi le fer. La colonne torse ne se trouve non plus dans aucun des produits de l'art coréen.

Il y a là un intéressant problème artistique à résoudre. Je serai, pour ma part, porté à croire que les Hollandais, après l'avoir achetée en Italie, apportèrent au Japon, où ils eurent, dès le XVIe siècle, le droit, sous certaines restrictions, de faire le commerce, cette pièce admirable, qui, dans un musée d'Europe, ferait l'enchantement des connaisseurs et des artistes. Comment serait-elle passée des mains des Hollandais dans celles des Japonais, et à la suite de quels événements aurait-elle été transportée à Nikko ? Voilà la question.

A droite, en face du pavillon sous lequel la lanterne est abritée, on voit une cloche, présent d'un roi de Corée, avec un trou parfaitement rond dans le haut, ce qui lui a fait donner le nom de *cloche mangée par les vers*, et un candélabre en bronze, à six branches, donné par le prince des îles Liou-Kiou.

Dans cette cour, se trouve, à gauche, un temple qui renferme de grandes richesses artistiques, et qu'on n'ouvre jamais aux visiteurs. La lettre d'introduction qui nous a été donnée à Tokio par le Ministre, nous recommande d'une façon si spéciale que les portes de ce temple-musée s'ouvrent devant nous. Mais, il a, pour cela, fallu user d'une sorte de subterfuge. On a fait ouvrir le temple, sous prétexte de procéder au nettoyage de certains objets, et c'est pendant ce temps-là, sans violer ouvertement la règle qui défend de l'ouvrir aux étrangers, que nous avons pu le visiter.

Au plafond, sur un fond d'or, le dragon à trois griffes tord son corps en replis effrayants. Le mur du fond est garni de trois très grands panneaux de laque noir, séparés par de larges montants dorés. Une châsse de cuivre, contenant divers objets ayant appartenu à Yeyas, et une nombreuse collection de statuettes représentant les diverses incarnations de Bouddha, se réfléchissent sur le fond miroitant des laques. Au milieu du temple, est un merveil-

leux petit meuble en laque d'or, en forme de
console, à trois tablettes, celle du milieu un
peu surélevée. Là-dessus sont exposés divers
objets en cuivre, brûle-parfums, flambeaux,
statuettes, etc., qui sont chacun une merveille de ciselure, de grâce et de finesse. L'art
japonais n'a pas de plus beaux spécimens, et
chacun de ces objets, de ces bijoux, de ces
ustensiles de parade mériterait une descrip-
tion détaillée. A peu près ignorés des connaisseurs, ils ne sont même pas spécialement
mentionnés dans les plus récents ouvrages
sur l'art japonais. Je les signale aux amateurs.

Le meuble sur lequel sont posés ces cuivres,
est lui-même une merveille et un objet
unique. Cette forme de meuble n'existe pas
dans l'ameublement japonais qui est, on le
sait, des plus simples et des plus réduits. La
laque d'or en est d'une grande richesse et a
de magnifiques reflets métalliques.

Aux murs du temple, sont suspendus douze
tableaux *encadrés*, dus à un peintre célèbre,
Yachido, et qui représentent sur un fond

d'or mat des oiseaux divers, aigle, perdrix, colombe, faisan, etc., dont les plumages étincèlent de couleurs chatoyantes. Remarquons que ces tableaux sont encadrés, ce qui n'a jamais lieu pour les peintures japonaises. On sait qu'elles sont toutes sur kaki-mono ou maki-mono, bandes de soie ou de papier qu'on enroule autour d'un bâtonnet d'ivoire ou qu'on suspend aux murs. Ces douze peintures ont une telle célébrité, leur valeur est telle qu'on a cru pouvoir déroger à la tradition et à la règle en les encadrant. Le bonze qui nous accompagne nous le dit et nous le répète avec longues explications, tout orgueilleux de nous montrer un tel entassement de richesses artistiques.

En sortant de cet édifice, dont les portes ne se rouvriront peut-être pas de longtemps devant un Européen, nous gravissons une dernière rangée d'escaliers et nous arrivons devant une porte monumentale appelée Yo-meimon. Nous nous trouvons ici encore en face d'une merveille, et on ne saurait, affirme-t-on, trouver dans tout l'intérieur du Japon, même aux temples renommés de Kioto, rien qui puisse ég..ler, comme élégance de forme, pureté de style et richesse d'ornementation, cette entrée du temple de Yeyas.

La forme de cette porte n'est pas sans analogie avec celle des arcs de triomphe en pierre; ses battants en bronze sont à larges caissons avec un fond orné d'arabesques de nielles dont les émaux noirs et rouges marient leurs couleurs. Les traverses qui séparent ces caissons se croisent en saillies sur lesquelles sont, en relief, des dragons menaçants. Les deux grands piliers ou montants du monument sont peints en blanc, fouillés d'arbres, de fleurs et d'oiseaux aux couleurs étincelantes. Dans les panneaux rouges qui en couvrent la plus grande partie sont des niches qui renferment les statues des dieux gardiens et protecteurs du temple. Au-dessous de la double toiture que supportent des têtes d'animaux momstrueux, dans la partie de l'entablement qui se trouve entre l'architrave et la corniche, est une sorte de frise toute sculptée, sur fond rouge, de dragons blancs aux griffes d'or. Enfin, au-dessous de cette ornementation, et tout autour de l'édifice, court une galerie en saillie ou balcon dont la balustrade est le plus merveilleux enchevêtrement de fleurs et d'oiseaux au milieu desquels jouent des bandes d'enfants.

Chacun des détails de cette profusion d'ornements est à lui seul une petite merveille de goût et de finesse; dans l'ensemble, tout s'harmonise pour le plaisir des yeux. Diverses vues de cette porte ont été prises par des photographes de Yokohama, mais il serait à souhaiter que des épreuves spéciales des différents motifs d'ornementation soient faites, ou plutôt, que le pinceau d'un peintre la fasse connaître, avec le papillotage de ses couleurs et les ombres qui donnent plus de relief à toutes les sculptures.

Cette porte franchie, nous nous trouvons dans une vaste cour carrée et dallée qu'entoure une muraille à laquelle est adossée une galerie ou cloître, sur trois côtés, le quatrième étant occupé par le flanc de la montagne contre laquelle se dresse le grand temple de Yeyas. Extérieurement, ce mur d'enceinte est recouvert de vingt-quatre panneaux carrés couverts de sculptures polychromes.

Deux édifices s'élèvent à droite et à gauche du temple. Dans l'un sont renfermés des chars de gala surchargés de dorures qu'on promène aux jours de grande solennité; l'autre sert aux danses sacrées. Là, sur le plancher légèrement en pente d'une salle qui rappelle assez exactement une scène de théâtre, une femme est accroupie, vêtue d'amples vêtements rouges et blancs, couverte d'une coiffure également blanche, de même forme, à peu près, qu'une mitre d'évêque. A notre vue, elle se lève, et d'un pas grave, étendant en croix ses bras, elle s'avance sur le devant de la scène. D'une main, agitant trois clochettes dorées réunies en faisceau, de l'autre, jouant d'un de ces éventails de cour qui ne se replient point sur eux-mêmes et dont les enluminures brillent sur un fond de laque d'or, la danseuse fait, avec une grâce qui n'est pas toutefois exempte de dignité, une série de pas en avant, en arrière, tournant sur elle-même, décrivant des demi-cercles, accompagnant toujours sa marche d'un lascif balancement des hanches et élevant alternativement ses bras qui font flotter, non sans majesté, les plis de son vêtement. Puis, elle revient sur le devant de la scène et là, s'agenouillant, le front sur les nattes, elle semble attendre, son œil bleu et profond fixé sur nous, un salaire pour sa danse ou une aumône pour le temple. Nous disons à notre interprète de payer largement et quelle n'est pas notre stupéfaction quand nous le voyons plier dans un papier et lancer sur l'estrade quelques pièces de menue monnaie. Une aussi infime obole contrastait vraiment avec le caractère de la danse et l'air de dignité de la prêtresse ; mais, une fois de plus, nous avons vu qu'au Japon on est généreux à bon compte.

Faisant face à cette construction, se trouve, je l'ai dit, celle qui renferme divers accessoires pour les cortèges de cérémonie. Notre attention est surtout attirée par une chaise à porteurs en cuivre doré, ciselé et fouillé, ornée de clochettes, de fleurs et d'oiseaux également en cuivre doré et surmontée d'un paon dont le corps est une merveille d'émaillage et qui étale majestueusement ses plumes bleues et or. Quarante serviteurs promenaient le shogun dans cette chaise de gala avec une escorte de gens portant d'énormes éventails, des lanternes dorées et de grands sabres de Samuraï.

Mais ce qu'il y a de plus artistique dans cette pièce est bien certainement le plafond. C'est d'ailleurs le seul plafond peint que j'ai vu, au Japon. Sur un fond d'or rouge, trois femmes dont une écharpe légère couvre à peine la nudité, couronnées de guirlandes de roses, en sont le sujet principal. L'une joue de la harpe, l'autre d'une flûte à trois chalumeaux; la troisième enfin, jette des fleurs qui retombent en pluie. Je n'avais pas encore vu, dans les temples, de peinture de nu et je n'en ai pas revu depuis ce plafond. Les procédés de l'artiste auquel il est dû, paraissent avoir été tout différents de ceux usités par les peintres japonais. Comme facture, comme coloris, ces femmes, dont le corps se plie gracieusement, dont les chairs semblent vivantes et dont les formes sont admirablement modelées ne ressemblent en rien aux personnages ordinaires des peintures japonaises. On est tenté de croire à l'influence de l'art occidental sur l'auteur de ce plafond. Pourquoi faut-il que son nom soit ignoré? Encore une lacune à combler dans l'histoire de l'art japonais. Si jamais une monographie est écrite sur les temples de Nikko, le champ s'ouvrira large aux investigations du chercheur et du savant qui entreprendra l'œuvre. Un vieil ouvrage japonais en quinze ou vingt volumes, orné de gravures au trait des pièces les plus rares et de vues d'ensemble, a été trouvé, malgré son extrême rareté, chez un marchand de vieux livres de Tokio par mon compagnon de voyage Paul Bourde. Quand cet ouvrage aura pu être traduit en français, on y trouvera vraisemblablement de très curieux détails et bien des renseignements inédits ou ignorés sur toutes les curiosités qui sont entassées ici.

En sortant de cet édifice, nous gravissons enfin les cinq ou six marches qui donnent accès dans le grand temple de Yeyas. Nous sommes au seuil de Tama-Gaki, du Saint des Saints. Les bonzes nous font quitter nos chaussures, et c'est pieds nus que nous pénétrons dans une salle de grandes proportions. Les murs sont ornés de peintures ; le plafond est à caissons bleu et or agrémentés de dragons. On passe, par deux portes en laque, revêtues d'ornementations en cuivre doré et ciselé, dans une seconde salle oblongue où trônent les statues des trois plus grands guerriers du Japon, Yeyas au milieu. Chaque matin, les bonzes viennent lui offrir le riz sur des tables de laque rouge incrustées d'or. Devant ces tables sont deux vases splendides, en or massif, avec des branches et des fleurs de chrysanthèmes également en or.

La grande salle est flanquée, à droite et à gauche, de deux pièces qui étaient autrefois les appartements privés du Shoghun quand il venait à Nikko. Dans une de ces salles, on admire quatre panneaux de chêne merveilleusement fouillés. C'est toujours le motif cher aux Japonais — fleurs et oiseaux — qu'on retrouve partout, mais toujours différent de celui qu'on vient de voir, se prêtant par sa nature même à la plus excessive variété, en même temps qu'il semble, plus que tout autre, convenir par sa ténuité, sa finesse, son élégance au tempérament et au goût de 'artiste et répondre aussi au milieu dans lequel il vit.

Les corniches travaillées à jour, la décoration du plafond, la richesse des peintures, la finesse des tatamis, le grand silence religieux de ces endroits qu'éclaire une douce lumière tamisée par les stores du dehors, tout contribue à en faire un de ces coins où l'homme aimerait à se retirer de longues heures pour se laisser aller à la rêverie.

Une autre salle, à gauche du temple, fait le pendant à celle-ci. Le plafond est en broderies de Nishki. Ces broderies, tout en soie, représentent des personnages dont le relief est bombé de bourre de coton. Des portraits de Mikados sont pendus aux murs : les quatre grands panneaux sont dus au célèbre Idzoumi-Kihi, artiste de Kioto.

Nous visitons enfin une galerie attenante, à laquelle donnent accès des marches revêtues d'armatures de cuivre. Là sont conservés des objets ayant appartenu au shoghun Yeyas. Vases en bronze, carquois et flèches, *kango* traversé d'un coup de fusil, boîtes en laque d'or, coffrets d'ivoire, sabres aux poignées enrichies de pierreries, étendards, tchibatchi complet en argent ciselé, défenses d'éléphants, kimonos en richissimes étoffes, énormes têtes de lions dorés avec traîne en peluche de soie pour les matsuri, sellerie complète en cuir rouge orné d'appliques de laque et de cuivre, masques rouges, verts ou noirs, armures complètes, lames, hallebardes, casques, éventails de parade, carillon minuscule pour le temple privé du Shoghun..., il y a là un véritable musée de l'art japonais, où figurent des pièces uniques que nous admirons longuement.

Nous nous rendons, du Tama-Gaki, visiter le mausolée de Yeyas. Par une série d'escaliers qu'ombragent de grands cryptomerias, nous gravissons la pente de la montagne et nous avons bientôt à nos pieds le temple que nous venons de visiter. Quel ensemble magnifique dans ce cadre grandiose de forêts séculaires et de roches abruptes ! Les toits en accent circonflexe des temples et des édicules émergent, en taches noires, comme du milieu d'un océan de verdure. Il faut monter deux cent et quelques marches pour atteindre la plate-forme sur laquelle est bâti le tombeau. On franchit un tori, et au milieu d'un espace carré qu'entoure une balustrade de granit, s'élève une vaste table de bronze. A gauche, est un bouquet de fleurs de lotus ; à droite, une grande cigogne d'airain tenant dans son bec un flambeau également en airain ; entre les deux, sur la table de bronze, est une urne funéraire de forme très sévère, rappelant assez une cloche renversée, mais de faibles dimensions, qui contient les cendres du grand homme.

Ce mausolée m'a paru un peu mesquin. Il ne répond pas du tout à ce qu'attend le visiteur au sortir des monuments que je viens de décrire. Les temples que nous visitâmes ensuite, nous produisirent également bien moins d'impression, quoiqu'ils contiennent aussi de nombreux et très riches objets d'art et qu'ils soient construits dans le même style que celui de Yeyas.

Le plus renommé est consacré à la mémoire de Yemitsu, troisième shoghun de la dynastie du Tokungawa, mort en 1657. On y arrive par une série d'escaliers monumentaux, et après avoir franchi un grand tori, on se trouve devant une porte triomphale, comme nous en avons déjà vu, mais remarquable par les dieux dont elle est flanquée. Colosses énormes, rouges et verts, aux yeux menaçants, à l'œil farouche, à la chevelure hérissée, véritables épouvantails, qui représentent les gardiens du temple. L'un, le dieu du tonnerre, de son bras crispé, lance la foudre ; l'autre, le dieu du vent, les joues grotesquement bouffies, la poitrine soulevée par l'effort, souffle la tempête sur le monde.

L'intérieur du temple est d'une grande richesse, quoique moins somptueux que celui de Yeyas. Nous trouvons encore ici, des plafonds à caissons, des panneaux de bois sculpté, des lampadaires et des objets d'art, offerts par de riches familles; une ornementation polychrome, dans laquelle, malgré la surabondance des tons, or, rouge et azur, rien n'est criard, et qui, malgré ses arabesques capricieuses, ses lignes bizarres, obéit certainement à des règles très nettement tracées. Voici de ces superbes portes, aux larges battants de laque, dont les angles ont des revêtements de cuivre et d'or burinés et niellés de noir; puis, encore, des ornements en cuivre repoussé, des corniches travaillés à jour, des bronzes finement ciselés.

L'enceinte extérieure de ce temple — dans lequel on ne voit aucune statue de Bouddha — est protégée des intempéries des saisons par des cloisons mobiles en bois, s'adaptant à la véranda ou promenoir, qui fait le tour du monument. La paroi extérieure des murs est merveilleusement travaillée ; les portes sont revêtues d'ornements en fer forgé, les colonnes dorées ont des chapiteaux niellés, surmontés de dragons rouge et or. Le plancher du promenoir, sur lequel on ne marche que pieds nus, est entièrement en laque noire.

Lorsqu'aux jours où les pèlerins se portent à Nikko, en bandes nombreuses, les bonzes débarrassent le temple de cette carapace, de cette sorte d'enveloppe, et que ces murs d'or, coupés de traverses de laque noire, avec leurs mille têtes fantastiques, leurs génies et leurs dragons, brillent et étincellent au soleil, l'effet produit doit être merveilleux et bien fait, pour enflammer l'enthousiasme du peuple. C'est malheureusement pendant une averse, que nous visitons l'édifice et les galeries où sont conservés quelques makimono de grande valeur, et divers objets ayant appartenu à Yemitsu. Un jour trouble et faux les éclaire et se mêle à la lueur tremblottante de quelques veilleuses. Dans cette demi-obscurité,

les bonzes, dans leurs vêtements blancs, sem-
blables à de grands fantômes, glissent silen-
cieusement sur les nattes, et il ne faudrait pas
beaucoup d'imagination pour se croire transporté dans l'oratoire d'un monastère.

Par une interminable série d'escaliers, raide
et droite dans le roc, sous la grande futaie que
le vent fait gémir et dont le bruissement de la
pluie augmente la tristesse et la désolation,
nous nous rendons au tombeau de Yemitsu.
C'est un cube de pierre supportant une
sphère de bronze. Sur cette sphère repose une
pyramide tronquée, de forme un peu bizarre.
Le monument n'a pas grand caractère et a
dû être inspiré par une idée symbolique, que
j'avoue n'avoir pu comprendre.

Le dernier temple que j'ai visité est celui de
Mangangi, qui fut complètement incendié en
1874, et dont la reconstruction a été seulement terminée il y a deux ans. Le temple
actuel n'est que la réédification, avec les
mêmes matériaux, d'un temple qui se trou-
vait dans l'enceinte des temples de Yemitsu;
on l'a démonté, puis transporté et rebâti

pièce par pièce à la place qu'il occupe actuellement. La décoration intérieure est d'un style plus sévère que celle des deux autres grands temples ; les ornements polychromes y sont répandus avec moins de profusion. Dans une salle, au fond du temple, trois grands Bouddhas de vingt pieds de hauteur sont consacrés et dédiés aux trois shoghuns : Yeyas, Yemitsu et Idetada.

Les bonzes, quand nous pénétrons dans le temple, sont accroupis, chantant leurs prières sur un rythme monotone, avec accompagnement, et des reprises alternantes de gong, de clochettes et de tam-tam. Vêtus de blanc, parés d'ornements qui ressemblent un peu à l'étole des prêtres catholiques, ils psalmodient leur office en déroulant lentement des makimono sacrés, qu'ils appuient sur des tabourets de laque. A chaque instant, la prière est coupée par quelques salutations profondes, et tous ces moines bouddhistes, qu'on prendrait facilement pour des dominicains à la longue robe blanche, courbent leur front, se prosternent et baisent dévotement le sol.

Près du temple s'élève une colonne de bronze, de forme cylindrique, haute d'environ quinze mètres. Son extrémité supérieure est ornée de six grandes fleurs de lotus, auxquelles sont suspendues de petites clochettes d'or. Cette colonne s'appuie sur quatre autres colonnes plus petites, reliées entre elles par des traverses de bronze qui se coupent diagonalement.

Enfin, un temple à cinq étages, bâti non loin de là, me retient quelques instants. Ce type d'architecture n'est pas rare en Chine, et j'ai vu à Canton, une pagode qui a beaucoup d'analogie avec ce temple-ci. Chaque étage est surmonté d'un toit en auvent, aux angles enlevés; sous la galerie du rez-de-chaussée sont représentés les douze animaux symboliques en bois sculpté et colorié. Ce sont, le dragon, le tigre, le taureau, le rat, le cheval, le serpent, le coq, le chien, le singe, le bouc, le porc et le serpent.

D'autres temples ou édifices secondaires, qu'il serait oiseux de vouloir décrire ici, sont groupés ou disséminés dans les bois. Je crois déjà m'être suffisamment étendu sur les temples de Nikko. Il faut bien cependant que je jette un coup d'œil d'ensemble sur ces monuments.

L'architecture en elle-même des différents temples n'offre rien de bien curieux. Comme toutes les constructions japonaises, ce ne sont que des constructions en bois, matière qui, par sa nature même, semble supprimer l'idée de durée éternelle qui s'attache naturellement à une œuvre d'architecture. Et, chose curieuse, alors que les Japonais ont ainsi construit en bois leurs monuments, ils ont prodigué dans les allées dallées la pierre qui, certes, ne manque pas dans ces terrains granitiques.

Les mêmes formes se retrouvent partout sans que l'artiste ait semblé faire un effort pour échapper à la routine et aux dispositions consacrées. Les temples sont bâtis sur un soubassement fait de madriers superposés et venant se couper à angle droit aux quatre coins de chacun des corps de bâtiment. Cinq ou six marches en permettent l'accès ; de grands piliers que réunissent des cloisons de bois, souvent mobiles, forment les murailles.

Les entre-colonnements sont larges, et une forte solive court horizontalement au-dessous de l'architrave pour réunir entre elles les colonnes ; elle fait saillie à droite et à gauche et se termine généralement par une tête d'éléphant ou de dragon.

Ce qu'il y a de plus curieux est bien certainement la toiture, faite de tuiles multicolores, artistement imbriquées et formant des cannelures de haut en bas du toit. Sauf la ligne de faite, toutes les surfaces sont courbes et leurs intersections se terminent par des cornes de faïence, avec la pointe en l'air. Contrairement à l'usage chinois qui suspend des clochettes à ces cornes, le Japonais qui a emprunté cette forme de toiture à l'art chinois, ne met rien à leur extrémité.

La toiture ne repose généralement pas sur la colonne : Elle en est séparée par une sorte de console formée d'un enchevêtrement de chevrons et de denticules superposés en plusieurs étages ; elle se prolonge sur le devant de la porte centrale, souvent même tout autour de l'édifice en une marquise ou galerie. Malheureusement, ces toits débordant à l'extérieur paraissent lourds et massifs, écrasent le monument et dissimulent les détails.

Ce n'est donc pas par leurs qualités architectoniques que les temples de Nikko méritent leur célébrité et leur renom. Nulle part cependant on ne saurait trouver aucun type de l'architecture en bois aussi artistement travaillé, aussi soigneusement exécuté. On peut dire que c'est le triomphe de la menuiserie; les chevrons, les mortaises, les tenons sont admirablement ajustés; certaines pièces de bois sont travaillées avec un art incroyable, et rien n'a bougé ni cédé d'une ligne depuis environ trois siècles que les temples ont été édifiés.

Ce qui fait de Nikko une merveille unique, c'est surtout et principalement la richesse et la fastuosité de la décoration intérieure des temples, l'accumulation des objets d'art les plus précieux; c'est, aussi, le souvenir des luttes semi-héroïques des Shoghuns qui y dorment; c'est, enfin, cette impression que, dans une gorge aussi sauvage, il a dû falloir, même sous un gouvernement étonnamment despotique, jeter bien des millions et sacrifier bien des existences pour pouvoir, en l'état peu avancé de la civilisation et des sciences, creuser dans le granit ces escaliers géants, fournir une aussi colossale somme de travail!...

J'ajouterai que ces monuments ne ressemblent à rien de ce que l'antiquité a produit et j'estime qu'ils valent, en leur genre, ce qu'elle a produit de plus exquis. On y trouve, à chaque pas, une nouvelle preuve de cette nature particulière du génie japonais qui pousse jusqu'à l'extrême perfection l'art des détails et qui n'a d'autre maître qu'une fantaisie toujours libre de ses caprices. Je serai tenté de croire que nul art au monde ne se prête, autant que l'art japonais, à des motifs de décoration et d'ornementation. Dans les dessins innombrables, dans les colorations multicolores de leurs panneaux, de leurs tableaux, de leurs plafonds, les artistes japonais ont des finesses, quelquefois même des hardiesses qu'il faudrait des années pour saisir. Si beaux que soient certains chefs-d'œuvre de l'art occidental, à force de les voir on finit par les connaître à fond, si bien que l'impression qu'ils causent, recommence sans se renouveler ; il n'en est pas de même de l'art décoratif japonais. On a beau l'étudier, on marche toujours de surprise en surprise ; la carrière est aussi libre pour l'imagination de l'artiste qui observe et admire que pour celle de l'artiste qui a conçu et exécuté.

Enfin, ce cadre grandiose qui avait séduit Yeyas, ces montagnes abruptes, ces cascades dont le grondement se mêle aux bruits de la forêt, tout concourt à faire de Nikko un endroit unique au monde et à justifier presque ce proverbe japonais que tout fils du Nippon redit avec orgueil : *Nikko mi nakereba Nikko toyu na :* « Qui n'a pas vu Nikko n'a pas vu de merveille ! »